이팝꽃 환하게 등불처럼 켜두고

이팝꽃 환하게 등불처럼 켜두고

시산맥 기획시선 133

초판 1쇄 인쇄 | 2024년 7월 10일
초판 1쇄 발행 | 2024년 7월 19일

지은이 원종혁
펴낸이 문정영
펴낸곳 시산맥사
편집주간 김필영
편집위원 신정민 최연수
등록번호 제300-2013-12호
등록일자 2009년 4월 15일
주소 03131 서울특별시 종로구 율곡로 6길 36. 월드오피스텔 1102호
전화 02-764-8722, 010-8894-8722
전자우편 poemmtss@naver.com
시산맥카페 http://cafe.daum.net/poemmtss

ISBN 979-11-6243-492-5 (03810) 종이책
ISBN 979-11-6243-493-2 (05810) 전자책

값 12,000원

* 이 책은 충청남도, 충남문화관광재단의 후원으로 발간되었습니다
* 이 책은 전부 또는 일부 내용을 재사용하려면 반드시 저작권자와 시산맥사의 동의를 받아야 합니다.
* 이 책은 교보문고와 연계하여 전자북으로 발간되었습니다.
* 본문 페이지에서 한 연이 첫 번째 행에서 시작될 때에는 〈 표기를 합니다.
* 저자의 의도에 따라 작품의 보조 동사와 합성 명사는 띄어쓰기가 달라질 수 있습니다.

이팝꽃 환하게 등불처럼 켜두고

원종혁 시집

| 시인의 말 |

시를 쓴다는 것은 공동체 안에서 공감을 얻어 가는 것이며 좌절과 희망이 함께 빚어낸 몸부림이기도 하다.

몸도 마음도 아파본 사람만이 드릴 수 있는 간절하고 애절한 기도이다.

주머니에 있는 것을, 탈탈 털어 헌금함에 넣고 이것 없으면 나 죽습니다, 전부를 드리는 것입니다, 이런 고백은 생명을 담보한 마지막 배팅이며 목숨값이다.
하늘은 종종 이런 무모함에 기적과 신비를 보여준다.

'왕의 행렬에 생각 없이 끼어든 거지가 이제는 죽었구나 생각할 때, 왕은 거지를 불러 자상한 목소리로 그래, 필요한 것이 무엇인가? 묻는다. 거지는 작은 목소리로 '내 형편을 보시면 모르시겠습니까?'

당신의 긍휼하심에 여기까지 살았고 살아가겠습니다.

어쩌다, 세 번째 시집을 냅니다.

이기심으로 가득한 세상에 이팝꽃 환하게 등불처럼 켜두고 싶은 생각은 욕심일까요?

안궁교회 교우들과 아내 이상운에게 이 시집을 바칩니다.

초록이 수묵화가 된,
광덕산 마루에서 원종혁

■ 차례

1부

신께 묻자오면	19
흔적	20
연금술	21
등불을 내걸다	22
먼동이 틀 때	23
하늘문 외전	24
기도를 찾아서	26
바람길	27
동굴벽화	28
빌라도의 고백	29
하늘 그물	30
사순절	31
신들의 식탁	32
가롯 유다의 딜레마	33

2부

목도리도마뱀	37
소리를 지우고	38
스치다	40
누구세요?	41
아버지의 그물	42
레몬 나무는 어디에 살까?	43
이팝꽃 환하게 등불처럼 켜두고	44
어떤 고별사	45
숙제	46
천안역에서 낙서를 지우다	47
이별 연습	48
마지막 춤	49
텅 빈 충만	50
멸치국수	51

3부

우물 속에는 누가 사나   55
엑소도스   56
날다   57
망가진 것들을 위해   58
구절리역   59
비워야 할 때가 있다   60
맨발로 쓴 편지   61
차선이탈   62
현금 이력서   63
나 오늘 물 먹었다   64
Eagle eye   65
그림자 속 그림자   66
저승꽃   67
우리 집에 죽지 않는 악어가 산다   68

4부

빗물 흐르듯	73
겨울에	74
풍경 A.	75
우산 속으로	76
앵글	77
횡단보도	78
문풍지	80
높은 산을 오르는 건	81
후회	82
평행이론	83
강변 별곡	84
초록 수묵화	85
산정호수	86
갠지스강의 불꽃	87

■ 해설 | 김정수(시인)　　89

1부

신께 묻자오면

후회는 아무 곳에나 돋아나는 들풀처럼 그득하다지만

종종 부끄러움 때문에 운다

바람이 휘몰아쳐도 밀리지 않는 생각은
사금파리 시린 조각처럼 쓸쓸하고

질기지 않은 목숨이 어디 있겠느냐고
모가지가 꺾인 작약 한 송이 아직 환한데

하늘 향해 고개 쳐드는 건
낮달도 알지 못할 쓸쓸함 때문이라고

무성하게 돋는 잡초들을 바라보며
욕심 없는 기도를 올린다

살고 싶지 않은 목숨이 어디 있을까
끝나지 않는 목숨이 또 어디 있을까

오직 기도만이 끝나지 않는다

흔적

소 울음소리로 길이 막혀
멀리 에돌아 가는데

돌아가는 길은 바위가 막고 있다
사람의 심장을 그린 듯 닮은 바위이다

땅속에서 솟아오른 불덩이가
하늘의 말씀을 받들어 제 형상을 이루었겠지만
이별을 견디지 못한 누군가의 마음인 듯
반으로 갈라진 심장을 닮은 바위를 만날 줄이야

혼자 견디는 것들이 사람 사는 세상에만 있는 것은 아니었구나

지금쯤 소는 울음을 멈추고 길을 열었을까

막힌 길을 돌아가는 수고쯤 아무것도 아니라고
보는 이 없는 산길을 휘적휘적 간다

당신이 앞서가신 그 길을 간다

연금술

수북이 눈 쌓인 산속의 아침
먼 데서 온 아이들에게 자연이 한말씀하신다

내 키가 너무 커서 미안하구나

교회란 먼 길을 떠나는 사람이 있어야
빈자리를 채울 수 있는
영혼을 하나로 묶는 신비로운 곳이어서

낮술 먹은 사람처럼 비틀거리다가도,
문득 들어서서 은유와 상징의 길을 걷는다면
지상에서 하늘까지
자음과 모음을 섞는 신의 연금술로
향기 가득한 마음이 열릴 텐데

비밀스럽고 상징적인 곳
내면을 채굴하던 불면의 등불이 타들어 간다

그러니까 당신은 속속들이 뜨거워지는 중이다

마침내 당신은 환할 것이다

등불을 내걸다

오래된 성전 벽에
하나둘 등불을 밝혀 어둠을 밀어내고
의자 깊숙이 앉은 거구의 제사장

이끼가 바위를 덮듯이 어둠은 또 하늘을 덮을 테지만

빛은 안개에 잠겨 깨어날 줄 모르고
성전 벽 고리에 걸린 등불은
졸음을 참는 아이처럼 껌뻑거린다

당신 오시는 길
발밑 환하게 비추고 싶은데
어둠이 자꾸 불빛을 가린다

그리움을 전설처럼 늘려
뼛속까지 밝히고
기척 없는 길을 멀리까지 바라본다

내가,
몇 개의 등불을 더 내건 후에야 당신은 오실까?

먼동이 틀 때

찢어진 북처럼 마음이 울던 새벽이 있었다

느닷없이 눈물 왈칵 쏟아지고
어둠에 짓눌려 있던 마음이
기지개를 켜듯이 경계를 지우며
먼 바다 끝에서 순식간에 하늘은 열리고

천둥소리를 가둬 두거나 번개를 잡아둘 수는 없겠지만
하늘 가득한 시간의 흔적을 더듬어 보는데

한 끼의 밥상처럼 소소한 욕심이야
용서하시길

먼동이 트는 아침에
곡조 없는 노래를 부르며 크게 웃더라도 놀라지 마시길

하늘문 외전

먼 길을 걸어 낯익은 문 앞에 도착했다

마음속에 새겨둔 이름표를 되새기는 수험생처럼
가슴 벌렁이고 숨이 턱턱 막힌다

하늘문을 지나 본향으로 돌아간다는 건
하늘도 땅도 사람도 운다는 것인데

하늘에서 쏟아지는 신비로운 빛이
엑스레이처럼 마음을 투과하면
사자와 사슴이 웃으며 기대고
낮아진 산들은 넓은 초원이 될까

아무리 소리를 질러도
바람에 날리는 풀잎 같은 목숨들
백 년을 달려와 자서전을 펼쳐 읽는다

문 뒤에는 누군가 숨어서
기다리고 있을 것 같은데
〈

다른 세상을 그리워하며 산다는 것은
모든 목숨이 품고 있는 서사여서
어느 대목을 읽어도 다 똑같을 것이다

기도를 찾아서

오래된 라디오의 주파수를 맞추듯
기어이 붙잡고 싶은 마음이 있어서

하늘을 향해 머리 조아리며 비손하는 마음을
당신은 모두 아시겠지만
기도는 간절함을 이루어내겠다는 것만은 아니어서

내 속의 어둠과 그늘을 덜어내면
하늘이 응답하실 것이라고

마음을 열고 꺼낸 기다림의 자세로
소리치는 돌처럼 무릎 꿇고 바라보면
바람도 길을 가고 새들은 노래하니
간절함이 그곳에 닿을 것이라고

언어를 초월한 세계를 알면 하늘이 열리고
하늘과 땅이 만나는 거기,
신비로운 불꽃이 피어오를 것이어서

뿌리지 않으면 거둘 수 없다는
지극한 마음을 사뢴다

바람길

과녁을 향해 날아가는 화살처럼, 땅 위에 내리는 안개처럼

소리 없이 옷깃을 끌고 사라지는 바람의 흔적은
가는 곳을 잃어버린 당신과 같아서
지나간 길을 다시 찾아오는 뜨거운 후회

바람은 길이 되고
나는 바람이 되어 길을 찾는다

점점 거칠어지는 바람 속을
함께 걷는 날도 있을 것이다

기억은 흩어져도
끊어졌다가 이어지고 다시 일어서는
따듯하거나 진창이거나

누군가는 다시 찾아 머물 것을 믿으며
걷고 또 걷는다

동굴벽화

그림에 손을 대고 지그시 누르며 그린 이를 부르면
잠들었던 동굴이 조심조심 깨어난다

맨 처음의 자리를 지키고 있는 사발과 주발
늙은 울음도 벽화 속에 함께 산다
숟가락으로 벽을 두들겨
괜찮다, 소식을 보내고
저쪽에서는 지게 작대기로 울음을 두드린다

세월은 물처럼 깊어
내가 돌아갈 그림 속은 아득한데

당신의 벽화는 여전히 진행 중이신지
마음이 가난한 나는 문득 목덜미가 서늘하다

빌라도의 고백

저 사람일까?
나뭇등걸에 기대서 군중을 주시한다

입으로 가져가는 술잔 속
노을보다 붉은 핏빛이 흔들린다

새로운 법이라 말하는 갈릴리에 나타난 청년

편할 날이 한번도 없는
폭동이 일어날 것 같은 불안한 시간들

쉽게 판결 내릴 수도 없는
초점 잃은 눈을 허공으로 던진다

예루살렘으로 모여드는 악마들

십자가에 못 박으라는 함성에
관저의 돌기둥이 흔들린다

오늘도, 군중 앞에서 손을 씻는다

하늘 그물

햇빛을 가두고 바람을 잡으려고
하늘에 쳐 놓은 엉성하고 허름한 그물 사이로
검은 새 한 마리 날아간다

눅눅하고 어두운 하늘

당신이 쳐 놓은 그물을 털면
원죄의 비늘에 반사되는 눈먼 사람들의 몸짓

작은 몸짓에도 세상이 조금씩 밝아질 것이라고

세상이나 하늘이나 균형을 맞추고 있어
끝내 달아나지 못하고 제자리를 맴도는 검은 새

두 눈을 부릅뜨고 우는 하늘
온몸의 깃털 듬성듬성 빠진다

눈멀고 굼뜬 새,
날렵한 것들도 그물에 걸려 헐떡거리는 하늘

당신은 언제 그물을 걷으실 것인지

사순절

안개처럼 번지는 고적한 숨결
바람꽃 끝에서 흔들린다

고랑이 깊어질수록
마른 가지에 걸리는 숨소리

목덜미에 반복된 상처는
아물지 못하고 깊어만 가는 기록

징징 우는 바람 소리에 묶인 시간들

당신이 짊어진 무게
스스로는 벗어날 수 없는 굴레

마음에 난 상처를 쓰다듬는 투박한 손길
얼마나 걸어가야 끝이 보일까

험한 길을 걷는 자에게 빛은 더욱 밝아라

신들의 식탁

밥이 입으로 들어가야 목숨이 자란다

하늘도 별도 함께 나누고
잎이 햇살에 기대는 시간만큼
꽃은 향기를 머금는다

땅과 하늘의 순환도
목숨의 흔적을 지우지 못한다

대지에 발을 붙이는 거룩한 행위

세상의 모든 목숨은 밥을 나누며 산다

바위는 이끼에 기대고
별은 사람에게 기대려고 반짝인다

신들의 식탁에는 용서라는 말이 그득하다

가롯 유다의 딜레마

그를 사랑하신 것은 희망이었을까

세금에 짓눌려 가난에 내몰리며
죽음에 직면한 목숨들

해방의 기대 속에 걸쳐 있는 양날의 검
구원을 위해 신음했던 사람들

생명의 위협을 느꼈던 유다
배신의 입맞춤으로 다가간 마지막 유혹

이해할 수 없는 구속의 역사
그의 심장에 비수를 꽂은 어긋난 신념

면죄부도 받을 수는 없는 고뇌

땅의 것을 위해 하늘의 뜻을 시험했던
한 인간이 번뇌가 저울에 올려졌다

빈칸을 죽음으로 채워 넣는다

2부

목도리도마뱀

목을 꼿꼿이 세우고 대드는 것들일수록
허풍 가득한 걸 금방 들킨다

껍질을 훌훌 벗어 던지고
노랗고 붉은 몸을 드러낸 채
물속으로 느릿느릿 숨는다
여전히 꼿꼿이 세운 목에 자꾸 눈이 간다

안개 자욱한 풀 속을 돌아다니는 목도리도마뱀은
언제 어디서 사람의 말을 배웠을까

당신의 갈지자걸음이 목도리도마뱀을 베낀 줄을 이제야 알겠다

주름 장식의 목을 우산처럼 펼친 변종 목도리도마뱀
입을 크게 벌려 몸집을 부풀리는 저 허세가

어쩌랴, 사람을 감쪽같이 베꼈구나

소리를 지우고

철새가 떠난 안성천은 몸집 큰 기억을 닮았다

허공보다 먼 당신을
침묵으로 끌고 와서 어깨를 툭 치고 간다

사라진 것들 뒤의 고요는 꽃처럼 피는데
창문을 열어 두면 향기가 스멀스멀 밀려온다

물처럼 연해지는 마음에는
말보다 깊은 여백이 고여 있는데
자세히 들여다보면 안성천을 다녀간 것들의 신발이 수북하다

바람이 물결을 건드리면
텅 빈 뼛속에서 스스로 노래가 흘러나오고
둑방 위에 길게 누운 빈 의자는
저녁이 어디쯤 왔는지 가늠하다가 혼자 울 때도 있다
허리가 반쯤 잠긴 물속에서
끼니를 잊은 갈대가 거품을 만드는 중인데
사실 저 갈대의 끼니는 바람이라는 소문도 있다
〈

저 단단한 적막을 풀어쓰느라고
갈대는 자꾸 헛발을 내민다

스치다

풍경을 걸어두면 그림이 된다

그림 속에는 수많은 아버지가 계시고
아버지보다 많은 내가 있다

빛바랜 후회가 마른빨래처럼 휘날리는데

여행지에서 내 손바닥에 적어주던 객실 번호가
가슴 한구석에 차돌처럼 박혀 있다

막내아들 앞세워 흥을 돋우시던 이별 여행
와락, 역정을 내시며 밀쳐내시던 힘 없는 손
그때, 마른 꽃대처럼 풀썩 쓰러지던 당신을 보았는데

풀피리 소리에 울컥하는 건
지워진 발소리가 겹쳐 들린 때문인데

아무 일도 없었다고,
풍경을 등지고 걸어가는 낯익은 뒷모습

누구세요?

저기서 기웃거리는 얼굴 누구인가?

그늘을 놓친 나무처럼
주름 깊은 껍질을 벗는다

길을 찾아 나서도 나는 없으니
나 없는 나를 찾는 헛수고

어둠을 헤집고 찾아온 햇빛을 모르는 사이처럼 돌아서는데

가슴에 새겨둔 이름이
열린 틈새로 스며든다

시간과 속도는 같은 쪽으로 가고 있을까

모든 것이 사라진 자리에 한 송이 꽃

그대도 지금쯤 피어 있을까
버릇처럼, 지워진 주소를 외워본다

아버지의 그물

냇가에서 그물을 던지는 아버지

출렁, 햇빛이 그물에 걸리고
물에 비친 그림자가 고기를 몰아온다

텅 빈 양동이를 들고 기다리는 아이

냇가에 방금 도착한 듯도 하지만
그만 가자는 아이의 투정이 물가에 풀어지고

물고기가 다녀가지 않은 그물에는
물풀만 그득하다

저기, 모퉁이에 고기가 모인다고
중얼중얼 지나가는 노인의 등 뒤에서

햇빛만으로도 헐떡이는 그물을 모아쥐며
노을처럼 붉게 웃는 사내의 이름을 몇 번이나 더 부르면
아이는 돌아서서 눈물 훔치는 사내가 될까

레몬 나무는 어디에 살까?

비를 내리기 위해 번개를 구름 속에 감추고
하늘 곳간에 쟁여 있던 바람은 폭풍을 꺼내고

시멘트 길은 산을 갉아 먹고
두 동강 난 유조선은 모리셔스 바다의 풍경이 되고
기름옷을 뒤집어쓴 혹등고래, 돌고래, 범고래
물고기 집이 되어버린 쓰레기 더미 속

오존층을 구멍 나게 한 도시의 탄소
서쪽에서 불어오는 피로 물든 하늘

지구를 선물로 받은 인류
정원사의 마음으로 나무를 가꾸고
삽을 들어 땅을 파서 숨구멍을 열며
상큼한 레몬 냄새를 꿈꾼다

레몬 나무는 어디에 살까?

이팝꽃 환하게 등불처럼 켜두고

맞은편 빈자리는 감색 노을이 가득하고

간다고, 약속했는데

뜬눈으로 밤을 새우는 것도 아는데

간다는 말 믿지 못하면서 그래도 다시 믿는 건

늘 당신 곁에 세워두는 내 마음이 가여워서

어둠 설핏한 저녁이 서럽지

달려가면 금방 네게 닿겠지만

밤마다 별자리만 따라다니며 시큰거리는 발목을 달랜다

어떤 고별사

묶었던 보자기를 풀고 작은 세상을 꺼낸다

겨드랑이에 낀 분홍색 보자기에는
강의 노트, 출석부가
세상을 우려내는 중인데

궁금해하는 눈빛들이 보자기에 머문다

'찾아주셔서 감사합니다'
멸치의 고별사를 읽는데 진부한 웃음이 밀려온다

네 귀퉁이에는 튼튼한 끈이 있어서
멸치는 죽어서도 묶여 있다

바다도 파도도 잊은 지 오래다 그러나
어떤 이별이 이토록 또렷하랴
목이 잘려도 눈을 감지 않겠다는 서늘한 고별사를
세상에 방목한다

숙제

쉽게 끝낼 수 있는 숙제는 없다

숙제는 느린 걸음처럼 오래 걸어야 한다
몹시 쓸쓸한 사람처럼 혼자 걸어야 한다

무겁다고 떠넘긴 게으름은
감당 못 할 무게의 짐이 되어 되돌아온다

숙제를 끝내고 남겨진 시간은 바람 없는 호수처럼 고요하다

자신과 마주하는 시간을
창가에 세워두고 바라본다

교실 문을 박차고
하늘을 가로질러 날개를 펼친 적도 있지만

모든 숙제를 다 끝낼 수 있는 삶이 있기는 한 것일까?

천안역에서 낙서를 지우다

지킬 수 없는 약속을 썼다가 지우고
등지고 섰던 벽

소주 한 잔에 손가락을 걸면
눈 시린 유리창마다 일렁이던 불빛

백열등 불빛에 비춰보던 따듯한 약속

침묵으로 뒤엉키는 마음을 감추려고
울컥, 빈 병 뒤로 숨어드는 사람들

몇은 졸고 몇은 이별처럼 쇳소리를 내고
기적소리가 멀어지던 새벽

누가 또 다른 삶에 시동을 걸었는지
마음의 매듭이 덜컹거린다

이별 연습

익숙하지 않은 이별을 밀린 고지서처럼 감춰둔다

문을 열고 흔드는 손, 닫힌 안쪽에서 흔드는 손
경계가 모호한 슬픔 속의 환희

보이는 것들이 모두 머무는 것은 아니어서
멀고도 뜨거운 이별에 목이 메이는데

매일 떠나보내고 다시 만나는
익숙하지 않은 이별 연습

사랑스러운 것들을 어떻게 보내지
사랑스러운 것들은 어떻게 떠나지

봄꽃들은 다시 피고
바람은 또 부는데

빈 밥그릇 앞에서 반려견의 이름을 불러본다
지금쯤 빈 하늘을 향해 컹컹 짖고 있을 게다

마지막 춤

너의 영혼은 어떻게 생겼는지

장애물을 뛰어넘고
어깨를 들썩이고 박자를 맞추는 발걸음

야생의 본능을 발톱에 숨기고
누구와도 한 집에서 동거할 줄 안다
두 손을 모아 햇살을 움켜쥐는
그림처럼 고요한 고양이의 한나절

수돗가 함지박에서 낚아챈 물고기를 입에 물고
꼬리를 바짝 세운다 스타카토로 걷는다

주차장을 가로질러 드나들기를 반복하더니
새벽 미명에 멀리서 들려오는 합창

어깨를 흔들고 허리를 접었다 펴기를 몇 번
현란한 스텝을 밟으며 마지막 춤을 보여주더니

멀리 떠나는 작별인사였다
나는 지금도 무시로 수돗가를 서성인다

텅 빈 충만

툇마루 위 함지박에 바람이 빽빽이 들어차고
돌절구 속에는 진줏빛 햇살이 수북하다

싹트지 못한 수선화의 봄 속에는
햇살의 기세가 흘러넘친다

벌새의 날갯짓 소리에 깨어 소곤거리는 연두, 연두
도랑의 물소리가 고요를 깨운다

강물 위로 저녁은 깊어 가고
그림자는 물속으로 숨고
천천히 내려오는 달빛

꽃, 하늘, 강, 사람이 마음에 찾아온다

끝나지 않는 내일이 보일 듯도 하다

멸치국수

들마루에 누워 잠든 나를 깨우는 삽살개 소리
멸치육수 끓어 넘치는 냄새

멸치 속살을 우려낸 그리운 국물
마음이 시리고 속이 빈 사람들
뜨거운 국물을 마시며 주위를 돌아본다

여전히 까맣게 부릅뜬 멸치의 눈
뿌연 유리문 너머를 쳐다본다

다른 목숨에 기대어 삶을 이어가야 하는 몸이
마음을 들킨 듯 멋쩍게 웃는데

텅 빈 가슴으로 스며드는
멸칫국물을 마시고

마음에 박혀 있는 너라는 얼음을 녹인다

3부

우물 속에는 누가 사나

우물 속에서 아른거리는 별과 물고기와 구름과 바람

우물 속 세상에도
돌 틈마다 집을 짓고 새끼가 자라는데

두레박에 들어간 개구리가
공중 부양을 연습하듯 우물 밖으로 튕겨진다

더 큰 세상을 알아버린 심장을 팔딱거리며
살아 있는 더 많은 것들을 마주하겠지

개구리가 우물을 벗어난다는 것은
불 속으로 뛰어드는 나방과 같아서
어디로 뛰어가나, 뛰어가야 하나,
나 혼자 생각 깊은데

희뿌연 달빛 아래 밤새 울더니
흔적조차 없는 아침이다

지난밤이 모두 그림자였을까?

엑소도스

찰라, 허공을 찢는다

새들이 젖은 날개를 툭툭 털어내며
물 밖으로 튕겨진다
고요하던 물결들 일제히 파닥거린다

햇살에 번뜩이는 날갯짓의 찬란이 눈부시다

목숨의 반란일까

난파선에 목숨을 쓸어 담아
망명을 시도하듯 겹겹이 쌓인 잔물결

수십만 마리의 비상은
어둑한 곳에 숨어 역모를 꾀하듯
작은 새 한 마리
어깨에 앉아 귓속에다 부리를 디밀고
무엇이라 속삭인다

강 건너간다는 것인지 잊으라는 것인지
새여, 나는 알 수 없구나

날다

갇혀 있는 모든 것들은 자유를 꿈꾼다

멀리 날아가지 못하는 불면의 새
창문에 비친 제 그림자를 운다

언 발로 새 장을 차고 두드려도
쉽게 열 수 없는 문이다

새는 바깥세상을 바랄 뿐이어서
곡조 없는 울음소리가 끊길 듯 이어지더니

새장 속 먹이에 곰팡이가 핀다

저것이 기다림의 소행인 것을 나는 안다

망가진 것들을 위해

숨 쉴 수 없게 밀려오는 붉은 먼지
하늘을 뚫고 치솟는 연기

검은 기름을 덮어쓴 상어의 슬픈 눈이
쓰레기로 덮인 세상에 겹친다

거리 곳곳에서
토악질하는 휴지통들

망가진 것들을 껴안는 마음
상처와 그늘을 함께 아파하는 가슴은
옛날이야기 속으로 사라지고

망가진 것을 쓰다듬는 손이 많은 세상
풀 한 포기를 어루만지는 환한 세상
그런 세상이 오기는 올 것이라고 믿지만

돌에 나무에 하늘에
자꾸 미안하다

구절리역

마침표처럼 숨을 멈춘 마지막 역

기적 소리 아래 노닐던 구름도
흩어진 지 오래인 듯

엿가락처럼 휘어져 멈춘 철길은
구절초꽃이나 키우면서
구름을 보내는데

초가지붕 꼭대기를 다독이는 한적한 침묵

산 너머 울리는 기적소리는
심장을 지나 발바닥까지 적시며 흘러간다

하늘에 떠 있는 뭇별들을
툇마루 끝에서 바라보던 낯익은 소년

잠결에 기적소리를 듣는다
고향의 목소리가 여전히 아련하다

비워야 할 때가 있다

어둠을 정박시킨 지평선에 묶인 하루

텅 빈 바다,
멍이 들면서 성장하는 아이처럼

파도는 비우기 위해 밀려온다

바닷물의 시간을 기억하며
햇빛에 몸을 말리는 몽돌

뱃전에 부딪히는 파도를
죽음을 건너온 담담한 공허라고 읽으면서

걷다가 떨어트린 사진 속 추억처럼
묶여 있는 시간을 풀어낸다

맨발로 쓴 편지

까치발을 든 발자국으로
수신인 없는 편지를 쓴다

허공을 향해 던져둔 눈빛
바람을 걷어 올리는 장삼 자락

구름이 제 무게를 못 이겨 비를 쏟아내듯
저 발은 조심조심 왔을 것이다

추분을 지나 땅끝에서 올라오는 찬 기운
발바닥에 전해질 텐데

구름처럼 흐르는 생각
바람도 제 행로를 막을 수는 없다

맨발로 적은 법문을 알아듣기 어려워
공연히 눈물 그렁그렁 우러른다

차선이탈

차선이 둘, 셋으로 겹쳐 보이는 흐릿한 시야
중앙선을 넘나들며 달린다

차선이탈 경고음이
고장 난 달팽이관을 후벼판다

죽어도 좋은 목숨처럼 차는 무작정 달리고
줄 위에 오른 곡예사처럼
아슬아슬한 저녁을 지나간다

차선 위반은 곧 죽음인 줄 알면서도
건너편 차선을 넘나드는 순간이 점점 늘어난다

녹색 글씨가 선명한 면허증을 주머니 속 깊이 감춘다

앞만 보고 달렸는데
나도 모르게 옆길로 가고 있는 나를
어떻게 다스려야 하나

나는, 혹, 죽음 쪽 차선을 선호하는 것일까?

현금 이력서

호적을 파 버리라는 불호령에
온몸이 덜덜 떨리던 그때처럼
은행 문을 여는 손이 부르르 떨린다

호적을 파 가라는 연락
한걸음에 달려가서 이유를 물었지만
통장에 찍힌 마이너스라는 도드라진 이력

나뿐이겠는가

줄지어 선 불안한 눈동자들
통장에 찍힌 이력들을 바쁘게 살핀다

함께 살아가야 하는데
통장의 이력이 사람을 대신해서 맹위를 떨치고 있다

현금 이력서가 삶에 관여하는 건
뒤도 돌아보지 말고 앞으로 나가라는
알아듣지 못할 호령일 뿐이다

나 오늘 물 먹었다

쉴 새 없이 돌아가는 회전문
발걸음 소리는 리듬을 타고

일어서면 되는데,
유리잔에 담긴 냉수만 들이킨다

그가 오면 시키겠다고
주머니 속 차디찬 손가락만 접었다, 폈다

여윈 시곗바늘은 제자리에서 맴돌고
물오른 버드나무는 창밖에서 아른거리고

느닷없이 솟구쳐 오르는 새 떼
휘돌아 가는 바람도, 사람도, 멀어지고

눈앞을 막아선 빌딩 숲 사이,
강물에 떠밀려 가는 빈 소주병처럼
나는 지금 표류 중이다

물 먹은 벚나무만 우두커니 서 있다
나 오늘 물 먹었다

Eagle eye

휘어져 흐르던 무디는
사막의 눈물이거나
마야인들의 애절한 기도 소리를 닮았는데

발자국 끊긴 능선을 따라가면
세상을 향해 펼쳐진 신전의 계단에 닿는다

바람이 쌓아 올린 모래언덕에
덩그러니 던져진 것을 모르는 듯
광야를 질주하는 군마 위로
허공을 맴돌고 있는 늙은 독수리

두 발로 걷는 사람들이거나
주인 없는 마차를 굴리는 사람들을
고요히 지켜보는 오래된 신전

눈동자 속에 박힌
희미한 것들이 또렷해진다

사막 어딘가에는 마르지 않는 샘이 솟겠지

그림자 속 그림자

창문을 기웃거리는 낯선 그림자
한 쪽은 길게 한 쪽은 짧게,
어색함과 반가움이 짝다리를 짚고 서 있다

허기를 속이고 배를 내밀던 시절은 이제 멀고

오늘은 들리지 않는 종소리를
눈치채지 못하게 끌고 가는 그림자

만날까, 만난들
말귀는 알아들을까

오랫동안 나를 따라다녔던 너를
처음인 듯 바라본다

꽃잎 후루루 날리는 벚꽃들도
그림자를 데리고 산다

저승꽃

오랜만에 만난 친구
떨리는 눈꺼풀로 더듬어
입으로 가져가는 숟가락의 방향이 불안하다

꽃은 피었다 진다지만
지지 않는 저승꽃을 가꾸는 친구

살갗 터진 마른 가지가 바람을 맞으며
뜨거움으로 건너온 계절을 적어둔다

이제야 꺼내 보이는 저승꽃

이제 하늘과 가깝게 걷는구나
꽃 같은 쓸쓸함이 번지고

죽어도 잊지 않겠다는 약속
가을처럼 부질없다

눈물은 메마른지 이미 오래된 전설

꽃들은 모두 피고 진다

우리 집에 죽지 않는 악어가 산다

악어의 목숨값과 바꾼 가방을 둘러멘 어깨

외줄에 묶인 전쟁포로처럼
혼자는 떠나지 못한 길을

악어는 간다

금빛 장식으로 빛나는 두툼한 살점

손을 넣어 휘저어도 캄캄한 미로

아마존의 푸른 강물을 그리며 살았던
시간보다 먼 길을 돌아왔다

지금은, 시간이 쌓여 있는 낡은 기억이 되어
아무도 돌아보지 않는
악어였던 가방
여전히 악어인 기억

혼자서는 입을 열지도 못하는

강물의 상처

우리 집에 죽지 않는 악어가 산다

4부

빗물 흐르듯

마른 땅에 고인 빗물에 발을 적신다

안개처럼, 핏줄처럼
나를 적시거나 감싸고 있는 것들

물은 물의 길이 있고
화살은 날아가 맞춰야 할 과녁이 있다

길을 찾아 나선 여행자가
구름처럼 떠돌다가
옛집을 되짚어 돌아오듯
헐거워진 걸음이 머뭇머뭇 돌아선다

인연은 흩어지고 다시 이어지고
골짜기를 지나며 점점 거칠어지는 물소리처럼
모이고 흩어지는 날들이 빗물처럼 고여서
새 길을 열어주기도 한다

막힌 것들 앞에서 생각 더욱 깊어진다

겨울에

창문에는 몇 개의 태양을 담을 수 있을까

달아나지 못한 마음 휘감아
그림자를 밟으면
사라진 꽃 그림자에 닿을 수 있을까

안개는 퍼지고
풀어진 그림자 봄비를 받아주면
숲은 날개를 턴다

빛은 그림자를 건네고
패랭이꽃 위에 맺혔다 떨어지는 이슬
으름덩굴을 휘감아 끌어안은 숲은
덤불 사이 골짜기를 뒤적인다

구름은 먼 노을을 불러
세상을 위로하고

그림자를 품고 걸어가는
어둑어둑한 목숨들로 붐비는 세상 속에

홀로 선 나무처럼 내가 있다

풍경 A.

어디든 숨어 있다가 나타나는 것들이 많기도 하지

드러나지 않지만
몰래 웃고 있을 테지

꽃씨는 바람 타고 흙속에 숨고
꽃망울은 나무속에 숨었다가 문득 오고

나는 가슴에 심어둔 그대라는 새싹을 자주 꺼내 보는데

낮게 드리운 하늘에는
봄비가 숨어서 메마른 것들을 살피는데

목련꽃 환하게 펼쳐진 봄날
시가 되고 그림이 되는 세상 풍경 속으로
온종일 꽃비가 내린다

홀로 아는 풍경이 누구에게나 있을 테지
꽃비 속으로 슬그머니 마음 디밀어본다

우산 속으로

비 오는 날 안성천을 거닐면
썰물과 밀물의 간극처럼
물고기들 흩어지고 모여든다

보자기를 어깨에 두르고 개울가를 뛰어넘으며
우산을 칼처럼 휘두르며
물고기를 쫓아가다가 신발 벗겨지던 나를 부른다

젖은 발로 숨어들던 우산 속은 얼마나 아늑한 섬이었나

찢어진 우산 속으로 파고들던 빗줄기에도
씩씩한 전사였던 그때처럼

빗줄기 속을 오래 걷는다

앵글

경계가 지워진 하늘 아래
꽃들도, 구름도, 하늘도
앵글을 벗어난 천상의 세계이다

숨죽인 바람도 멀리 가버린
황톳길이 끝없이 펼쳐진 세상이 구름 위에 있다는데

먼 산을 넘어온 허물어진 발자국을 찾아
골짜기를 배회하는 별을 본다

같은 얼굴을 한 또 다른 내가
허공에 희미한 방점을 찍는다

라흐족 추장의 가슴에 선명하게 보이는 삼성 유니폼의 로고
땅속에서 딴 벌꿀을 들고 희미하게 웃는다

구름 위에 핀 무지개 쪽으로 손짓을 보낸다
지지 않는 꽃이 된 라흐족 추장의 등 뒤로
환하게 빛나는 저것을 그저 하늘이라고 여겨도 될까

횡단보도

횡단보도를 건너는 일은 누구라도 목숨 거는 일이다

주어진 시간 안에 건너가야 하지만
느리게 걸어야 하는 사람도 있다
그는 얼마나 마음 바쁘랴

빗살 모양 그림 위를 걸을 때
적도 위에서 어디로 가야 하는지 주저할 때
횡단보도는 어떤 표시일까

별을 보고 좌표를 찍고 가야 하는 사막처럼
건너야 하는 길들이 도처에 있다

생각이 정지된 듯
신호 깜박이는 대로 서 있거나 건너가면서

누군가는 조심하라는 경고처럼
가쁜 숨을 몰아쉬고
누군가는 사는 게 다 그렇다는 듯 터덜터덜 건넌다
〈

낮달은 멈춘 듯 가는 중이고

나는, 건너가야 할 것들의 이름을 자꾸 잊는다

문풍지

꼭 할 말이 있는 사람처럼
방 안을 기웃거리는 손님처럼
들키지 않으려고 온몸으로 울음 참으면서
문풍지가 운다

세상에는 얼마나 많은 사람들이 문풍지가 되어
바람을 견디면서 울음을 참으면서

제 가슴으로 바람을 막으면서
다른 이들의 온기를 지킬까

햇살 쨍한 가을 문풍지를 새로 바르면서

아버지의 아버지가 그랬던 것처럼
아들의 어깨를 감싸안아본다

높은 산을 오르는 건

서서 가거나 무릎으로 기어가거나
바닥에 주저앉아 있어도
기어이 오르겠다는 간절이 산보다 높아서

쉽게 내어줄 정상이 아닌 줄 알지만
한 방울씩 떨어지는 드립 커피처럼 한 발 또 한 발
천천히 내디디며 올라가야 한다

외로움을 극복하는 것은
지구의 중력을 거슬러 오르는 것과 같아서
자아의 무게를 버리지 않으면
추락하는 새처럼 떨어지는 꽃잎처럼
하염없을 텐데

버리고 비우고 다시 가득 차는 순간을 맞는 것처럼

높은 산을 오르는 건
아프거나 무겁거나 가슴을 뜨겁게 덥히는
황홀에 다가가는 일이다

후회

가던 길에서 돌아서려면 걸어온 길을 되짚어 보며
후회와 결단을 양손에 쥐어야 할 때가 있다

쉽게 돌아서지 못하는 것은 후회하지 않겠다는 것이고
마른기침이 섞인 후회를 꺼내는 것은
다시 걷겠다는 것이다

이름 모르는 사원 모퉁이에서
내밀던 낯선 손에 아무것도 건네지 못했던 순간이
지금도 생각난다면
세상에 쓸데없는 후회란 없다는 것을 알게 될 것이다

당신이 후회하지 않는다면
이미,
스스로 만족하는 방법을 찾은 것이다

평행이론

아지랑이 넘실거리는 봄날

진달래꽃 철쭉꽃을 뒤로 밀어내며

기차는 간다

끝끝내 만날 수 없는 선로가 있어서

기차는 달릴 수 있고

그리움은 그리움에 닿을 수 있다

만날 수 없는 길이라고 하지 마라

마주 본다는 것은 언제나 함께 간다는 것이다

강변 별곡

강변 따라 진노랑을 펼치는 달맞이꽃이
반딧불보다 더 환하게 피었다

굽은 길에 두고 간 종달새 소리도
하늘을 빙빙 돌고 있는 꼬방오리도
길 떠나는 철새의 발목을 묶어두려는 저 별빛도
길게 누운 모래언덕으로 다 모여든다

노을 한 자락을 펼쳐둔 것은 누구의 배려였을까

허옇게 빛바랜 조각달이 천천히 흘러가고

강물은 맑은 가락으로 마음을 흐르고
기도하듯 불어오는 바람 곁에서 이팝꽃 화르르 피었는데

교회 종탑에 걸린 초저녁 별빛이
멈춘 자리를 지키는 것들을 살피는 저녁이다

초록 수묵화

봄비 오는 들판을 걷다 보면
발밑이 몹시도 소란스럽다

초록으로 뒤덮인 세상이 오는 중이다

강둑의 풀들은 거짓말처럼 웃고
햇살은 초록을 들락거리고

봄을 들여다보던 내 발등이 환해지면서
연두가 짙어진 세상이 활짝 열린다

누가 저토록 어여쁜 간절을 키우나

산정호수

가파른 길 끝에 호수가 있다
달을 베고 누워 억새 흐드러진 산을 바라보고

강아지풀은 수줍은 듯 흔들리고
물결이 흔들린다고
바람이 부는 건 아니지만

가슴에 묻어둔 무거운 약속이
저 혼자 흔들리는 어떤 날도 있었다

호수는 눈을 뜨고 밤을 새운 듯
명성산 계곡 쪽으로 돌아눕는데

편백은 비탈에서도 수직으로 서 있는데
평지에 서 있던 몸이 비틀거려서
아무래도 저 호수에게 나를 들킨 듯하다

공연한 헛기침으로 나를 깨워본다

갠지스강의 불꽃

해가 뜨기에도 한참 전인 새벽
갠지스강 강가에 홀로 서서
강물에 머리를 감고 물결을 바라본다

삶과 죽음이 함께 흘러가는 강물의 고요라니!
새벽부터 저녁까지 타오르는 불꽃도 아직은 피지 않았는데

상처도 꽃잎도 세상보다 몸집 큰 사랑도
이별하는데 몇 시간이면 충분한데

강물 속으로 파고드는 물줄기처럼
부딪치며 되돌아가는 시간과 공간

여윈 손을 허공에 담그면
구름은 모르는 일이라고 저만큼 가고

내게는 노을 넘어 보이지 않는 길이 있어서
아직 한참 더 걸어야 한다

■□ 해설

환한, 은유와 상징으로 마주한 세계

김정수(시인)

　흔히, 인생을 길에 비유합니다. 길의 시작이 '탄생'이라면 끝은 '죽음'이겠지요. 인간뿐 아니라 생명이 있는 것들은 탄생에서 죽음까지 인생이라는 길 위에서 살아갑니다. 출발선에 선 인간은 연약한 존재인지라 혼자서는 길을 떠날 수 없습니다. 홀로 걸을 수 있을 때까지 누군가의 도움이 절실하고, 독립해서도 곁에 동반자가 필요합니다. 우리가 걷는 길이 평탄할 수도, 가시밭길일 수도 있습니다. 넓고 평탄한 길만 걷는 것도, 좁고 험한 가시밭길만 걷는 것도 아닙니다. 길에는 온갖 꽃이 만발할 수도, 곳곳에 위험이 도사리고 있을 수도 있습니다. 꽃길을 걷다가 벼랑길을 걸을 수도 있습니다. "소 울음소리로 길"(이하 「흔적」)이 막히면 "멀리 에돌아" 가야 할 때도 있습니다. 때로는 멀쩡하던 길이 흔적 없이 사라지기도 합니다. 그럴 때는 잃어버린 길을 다시 찾아야 하거나, 새로운 길을 개척해야 합니다. 밝은 낮에만 길을 걷는 것도 아닙니다. 별 하나 보이지 않는, 비바람이 몰아치는 캄캄한 밤길을 외롭고 쓸쓸하게 걸어야 할 때도 있습니다. 두려움을 떨쳐내고 "등불을 밝혀 어둠을 밀어내"(「등불을 내걸다」)며 한 발 한 발 내디뎌야 합니다. 어떤 길은 시작과 동시에 끝나기도 하고, 어떤 길은 멀고도 먼 여정일 수도 있습니다. 잠시 가던 길을 멈추고 뒤를 보며 추억과 회한에 잠기기도 할 것입니다. 길 위에서 벗어난다는 건 죽음을 의미합니다. 때로는 중도에 길을 벗어나고 싶은 충동도 일겠지만, 길의 상태와 상관없이 오래 걷고 싶은 건 인지상정이 아닐까요.

  삶의 시선은 길 앞에 드러나 있거나 동행하는 사람들과의 관계성에 숨겨져 있습니다. 반면에 시적 시선은 표면적으로 드러난 것들의 이면으로 이동합니다. 이때 시인은 '표면'과 '이면'에서 '시적인 것'을 찾아내 새로운 문장과 발상, 정신으로 또 다른 세계를 구축하려 할 것입니다. 시적 대상을 바라보는 인식과 방향에 따라 시세계의 넓이와 깊이가 결정되지만, 여기에 신(神)의 존재가 개입되면 삶도, 시도 "아무 곳에나 돋아나는 들풀처럼 그득"(「신께 묻자오면」)한 '후회'와 '부끄러움'으로 눈물을 흘

리게 됩니다. 장소와 상관없이 돋아나 무한 번식하는 들풀 같은 후회는 "지나간 길을 다시 찾아오는"(「바람길」) 행위의 반복성과 시간의 회귀성을 내포하고 있습니다. 후회 다음에 찾아오는 부끄러움은 양심이라는 척도와 기독교적 원죄 의식 그리고 잘못된 길을 걷는 것에 대한 성찰에서 기인합니다. 우리가 가는 길 외에도 "당신 오시는 길"(「등불을 내걸다」)이 개입하는 순간 시는 '표면'과 '이면' 그 이상의 종교적 세계관으로 영역을 확장합니다.

원종혁 시인은 세 번째 시집 『이팝꽃 환하게 등불처럼 켜두고』에서 "은유와 상징의 길"(「연금술」)을 걷다가 "언어를 초월한 세계"(「기도를 찾아서」)에 도달하고자 하는 욕망을 표출합니다. '시인의 말'에서 밝혔듯, 시를 쓴다는 것은 인생길의 동행이거나 만났다 헤어진 사람들과의 관계성, 즉 "공동체 안에서 공감을 얻어 가는" 행위와 다름없습니다. 시인은 희망과 좌절이 공존하는 인생길에서 아프고 배고픈 사람들을 위해 "간절하고 애절"한 기도를 합니다. 예수께서 다섯 개의 떡과 두 마리의 물고기로 5천 명을 먹였다는 오병이어(五餠二魚)의 기적을 생각나게 합니다. '이팝꽃'과 '등불'이 상징하는 것처럼, 가장 기본적인 삶의 문제와 동행자들의 맨 앞에서 길을 인도하는 것이 '시인의 길'이라는 걸 말해줍니다. 이를 위해 시인은 "생명을 담보한 마지막 배팅"을 할 만큼 무모한 선택을 합니다. 순수하고도 간절한 기도를 통해서만 신이 "기적과 신비"를 보여주기 때문입니다. 시인이 도달하고 싶은 "언어를 초월한 세계"는 어떤 곳일까요.

    오래된 라디오의 주파수를 맞추듯
    기어이 붙잡고 싶은 마음이 있어서

    하늘을 향해 머리 조아리며 비손하는 마음을
    당신은 모두 아시겠지만
    기도는 간절함을 이루어내겠다는 것만은 아니어서

    내 속의 어둠과 그늘을 덜어내면
    하늘이 응답하실 것이라고

    마음을 열고 꺼낸 기다림의 자세로
    소리치는 돌처럼 무릎 꿇고 바라보면
    바람도 길을 가고 새들은 노래하니
    간절함이 그곳에 닿을 것이라고

    언어를 초월한 세계를 알면 하늘이 열리고

하늘과 땅이 만나는 거기,

신비로운 불꽃이 피어오를 것이어서

뿌리지 않으면 거둘 수 없다는

지극한 마음을 사뢴다

- 「기도를 찾아서」 전문

    위의 인용시에서 시인은 간절한 기도로 닿을 수 있는 "그곳"이 "언어를 초월한 세계"라 규정합니다. 한데 간절함만으로는 안 되고, "내 속의 어둠과 그늘을 덜어"낸 후 "하늘이 응답"해야만 도달할 수 있는 곳이라 단언합니다. "하늘과 땅이 만나는 거기"에서 "신비로운 불꽃이 피어오를 것"이라면서요. 시인이 말하는 "그곳"은 존재하지만 존재하지 않는, 존재하지 않지만 존재하는 종교적 영역에 속합니다. 길 위에 서 있는 미약한 존재인 인간이 '기도'라는 도구를 통해서만 갈 수 있는 곳이기 때문입니다. 또 가고 싶다고 마음대로 갈 수 있는 곳이 아닌 "하늘의 응답", 즉 신의 허락이 있어야 비로소 도달할 수 있습니다. 길 위의 삶은 시간의 지배를 받고, 인간은 유한한 존재입니다. 시인은 여는 시 「신께 묻자오면」에서 "살고 싶지 않은 목숨"과 "끝나지 않는 목숨"이 어디 있겠냐 반문하면서 "오직 기도만이 끝나지 않는다"라고 합니다. 인간의 목숨은 유한하고, 신을 위한 기도는 무한하다는 것이지요. 철학적으로 접근하면 인간은 '인간의 것' 이상을 만날 수 없고, '그 너머'는 존재하지 않습니다. 죽음은 지극히 개인적인 현상의, '나의 것'으로 한정 지을 수 있으며 그 경험의 세계에 대한 책임을 스스로 져야 합니다. 하지만 종교적으로 죽음은 끝이 아닌 새로운 시작이면서 경험 세계의 삶과 신의 용서 여부에 따라 후생이 결정됩니다. "신비로운 불꽃이 피어" 오르는 거기는 "뿌리지 않으면 거둘 수 없"는, 이루어질 수 없는 장소성과 관계성, 순수성에 의해 규정되는 '그런 곳'입니다.

먼 길을 걸어 낯익은 문 앞에 도착했다

마음속에 새겨둔 이름표를 되새기는 수험생처럼
가슴 벌렁이고 숨이 턱턱 막힌다

하늘문을 지나 본향으로 돌아간다는 건
하늘도 땅도 사람도 운다는 것인데

하늘에서 쏟아지는 신비로운 빛이
엑스레이처럼 마음을 투과하면

사자와 사슴이 웃으며 기대고

낮아진 산들은 넓은 초원이 될까

아무리 소리를 질러도

바람에 날리는 풀잎 같은 목숨들

백 년을 달려와 자서전을 펼쳐 읽는다

문 뒤에는 누군가 숨어서

기다리고 있을 것 같은데

다른 세상을 그리워하며 산다는 것은

모든 목숨이 품고 있는 서사여서

어느 대목을 읽어도 다 똑같을 것이다

- 「하늘문 외전」 전문

또한 그 길은 "당신이 앞서가신" 흔적이면서 "당신이 오시는", 간절한 기도가 실현되는 성스러운 장소입니다. 길 위에서의 기도는 크게 경험의 세계에 대한 희원(希願)과 길이 끝나고 "하늘문을 지나 본향으로 돌아"간 후의 생으로 나눌 수 있습니다. 전자는 좁게는 자신과 가족으로, 넓게는 타인과 공동체로 향합니다. 후자도 타인과 공동체로 향하지만, 엄밀한 의미에서 자기 자신을 위한 것이라 볼 수 있습니다. 당신 곁에서의 영생은 아무나 누릴 수 있는 영광이 아니기 때문입니다. "당신이 앞서가신" 길은 인도하는 방향으로 따라오라는 말씀(믿음)이고, "당신이 오시는" 길은 기도에 대한 응답입니다. 인간과 길 위에 적용되는 시간은 '당신'과 '본향'에서는 작용하지 않고, 길이 끝나는 순간 정지하거나 삭제됩니다. 아니 인간이 정한 시간의 개념은 애초에 존재하지 않습니다. 우리가 "하늘문을 지나 본향"에 대해 이야기할 수 있는 것은 시간의 제약을 받지 않는 당신의 말씀을 기록한 성경이 존재하기 때문입니다. 반면에 외전(外典)은 전거(典據)가 분명치 않아서 성경에 수록되지 않은 문헌을 말합니다. 위의 인용시는 "먼 길을 걸어 낯익은 문 앞에 도착"한 시적 자아의 심경을 토로한 것이라서 '외전'입니다. 외전이라 했지만, 문 뒤의 세상에 대한 "사자와 사슴이 웃으며 기대고"와 같은 표현은 성경의 비유입니다. 지나온 길 뒤에서는 울음소리가 들리고, 긴장과 불안으로 "가슴 벌렁이고 숨이 턱턱 막"힙니다. "백 년을 달려"온 이야기는 그대로 한 권의 자서전에 해당합니다. 한데 왜 "어느 대목을 읽어도 다 똑같"은 서사일까요. 그것은 각자의 삶의 무늬가 아닌 "다른 세상을 그리워하며" 살아가는 삶의 방식을 지칭하기 때문입니다. 개별적 색채나 다양성을 지닌 인간이 아닌 신앙인의 차원에서의 다른 세상, 즉 본향(천국)을 그리워 하는 삶의 기록이라서 서로 다르지 않은 것입니다.

세상의 모든 목숨은 밥을 나누며 산다

바위는 이끼에 기대고
별은 사람에게 기대려고 반짝인다

신들의 식탁에는 용서라는 말이 그득하다
-「신들의 식탁」부분

그림에 손을 대고 지그시 누르며 그린 이를 부르면
잠들었던 동굴이 조심조심 깨어난다

맨 처음의 자리를 지키고 있는 사발과 주발
늙은 울음도 벽화 속에 함께 산다
숟가락으로 벽을 두들겨
괜찮다, 소식을 보내고
저쪽에서는 지게 작대기로 울음을 두드린다

세월은 물처럼 깊어

내가 돌아갈 그림 속은 아득한데

당신의 벽화는 여전히 진행 중이신지

마음이 가난한 나는 문득 목덜미가 서늘하다

-「동굴벽화」전문

아프고 배고픈, 힘없고 가난한 사람들을 돕는 건 인간뿐 아니라 신에게도 적용되는 문제일 것입니다. 아니 그것은 신의 심성을 닮은 인간의 본성일지도 모릅니다. 생명이 있는 것들은 먹어야 목숨을 유지할 수 있는데, 먹는 행위는 가장 단순하면서 가장 어려운 문제입니다. 한 끼의 밥은 부유한 사람들에겐 별것 아니지만, 가난한 사람들에겐 무엇보다 절박한 일입니다. '나'의 생존과 '공동체'를 위해 '나누고 기대는 것'이 밥의 정신입니다. 목사이자 시인의 시선은 생존을 위해 먹는 행위 그 너머 '신들의 식탁'에 머뭅니다. 하늘이나 별과 같은 자연도 나누고, 나무와 "잎이 햇살에 기대는 시간만큼" 꽃은 향기를 머금는다고 합니다. 서로 기대고 나누어도 생명이 있는 것은 다 죽습니다. 그것이 "땅과 하늘의 순환", 즉 자연의 순리이면서 신의 이치입니다. 시인은 이를 "거룩한 행위"라 정의합니다. 밥은 목숨을 자라게

하고, 목숨은 밥을 나누는 상호보완의 관계는 상당히 역설적입니다. 밥이 목숨을 유지하는 것은 맞지만, 목숨은 밥을 나눌 수 없기 때문입니다. 이 모순의 이면에 '신의 식탁'이 존재합니다. "언어를 초월한 세계"인 신의 식탁에는 '밥을 나누는 목숨' 같은 인간의 언어나 인식이 개입할 여지가 없는, 다만 그곳에는 "용서라는 말이 그득"할 뿐입니다. 이 시에서 용서는 인간이 범접할 수 없는 신의 영역입니다. 조건 없이 밥과 목숨을 나누면 용서해 주는, 인색하지 않은 신입니다.

「동굴벽화」에서 시적 자아는 인생길의 후반부에 동굴을 지나다가 "벽화 속"에 사는 사람들과 대화를 시도합니다. "그림에 손을 대고 지그시 누르"는 것은 미켈란젤로가 그린 바티칸시국 시스티나 예배당 천장화 〈천지창조〉를, "벽을 두"드리는 것은 문을 두드리면 열릴 것이라는 성경 구절을 비유합니다. 또한 동굴은 플라톤의 동굴의 비유, 벽화는 고대 벽화와 천장화의 이미지를 차용하고 있을 뿐 아니라 가족에 대한 것도 함유하고 있습니다. 이 짧은 시에 기독교적 상상력과 세계관, 역사와 예술 이미지, 그리고 개인사와 개인 소회가 여러 층위로 겹쳐 있습니다. 자세히 보면 그림과 그림을 그린 이가 이쪽과 저쪽을 연결해 주는 메신저 역할을 하고 있음을 어렵지 않게 눈치챌 수 있습니다. 우선 벽화 속에는 "맨 처음의 자리를 지키고 있는 사발과 주발", 그리고 "늙은 울음"이 공존합니다. 시인은 의도적으로 생명 시작의 '맨 처음'과 아직 남은 생의 '늙음', 생존의 도구인 '사발과 주발'과 회한의 '울음'을 대비합니다. 인류 역사에서 토기와 목기의 사용이 사발과 주발보다 앞서지만, 그것은 예수 탄생 이전인 기원전에 해당하므로 존중의 의미를 담아 사발과 주발이라 한 것으로 보입니다. 벽화 속에서 들려오는 "늙은 울음"은 기쁨의 눈물보다 "빛바랜 후회"(이하 「스치다」) 쪽으로 추가 더 기웁니다. 늙은 울음-지게 작대기가 지시하는 방향의 "그림 속에는 수많은 아버지가 계시고/ 아버지보다 많은 내가 있"습니다. "내가 돌아갈 그림 속은 아득"하다 하겠지만, 시적 자아는 느끼고 있습니다. "마음이 가난한" 내가 당신이 그리고 있는 벽화의 한 장면을 차지하기에 아직 부족하다는 것을.

햇빛을 가두고 바람을 잡으려고
하늘에 쳐 놓은 엉성하고 허름한 그물 사이로
검은 새 한 마리 날아간다

눅눅하고 어두운 하늘

당신이 쳐 놓은 그물을 털면

원죄의 비늘에 반사되는 눈먼 사람들의 몸짓

작은 몸짓에도 세상이 조금씩 밝아질 것이라고

세상이나 하늘이나 균형을 맞추고 있어
끝내 달아나지 못하고 제자리를 맴도는 검은 새

두 눈을 부릅뜨고 우는 하늘
온몸의 깃털 듬성듬성 빠진다

눈멀고 굼뜬 새,
날렵한 것들도 그물에 걸려 헐떡거리는 하늘

당신은 언제 그물을 걷으실 것인지
-「하늘 그물」전문

냇가에서 그물을 던지는 아버지

출렁, 햇빛이 그물에 걸리고
물에 비친 그림자가 고기를 몰아온다

〈

텅 빈 양동이를 들고 기다리는 아이

냇가에 방금 도착한 듯도 하지만
그만 가자는 아이의 투정이 물가에 풀어지고

물고기가 다녀가지 않은 그물에는
물풀만 그득하다

저기, 모퉁이에 고기가 모인다고
중얼중얼 지나가는 노인의 등 뒤에서

햇빛만으로도 헐떡이는 그물을 모아쥐며
노을처럼 붉게 웃는 사내의 이름을 몇 번이나 더 부르면
아이는 돌아서서 눈물 훔치는 사내가 될까

- 「아버지의 그물」 전문

   성경에는 그물과 관련된 구절이 많이 나옵니다. 대부분은 물고기를 낚는 그물인데, 그중 "선지자는 모든 길에 친 새 잡는 자의 그물"(호세아 9:8)과 같고, "천국은 마치 바다에 치고 각종

물고기를 모는 그물"(마태복음 13:47)과 같다는 비유적 표현이 있습니다. 그물로 모은 물고기는 '좋은 것'은 그릇에 담고 '못된 것'은 내버리는 것처럼 인생길이 끝나는 곳에서 의인은 천국으로, 악인은 지옥으로 갈 것이라 합니다. 즉 길이 끝나는 곳에서의 심판에 관한 대목입니다. 「하늘 그물」에서 그물은 물속이나 허공이 아닌 "하늘에 쳐 놓"은 것입니다. 물고기나 새 같은 사물 대신에 "햇빛을 가두고 바람을 잡으려" 합니다. "당신이 쳐 놓은" 엉성하고 허름한 그물은 실제가 아닌 비유의 그물이고, "그물 사이로" 날아가는 "검은 새 한 마리"는 시인의 자화상이라 할 수 있습니다. 날렵하지도 못하고, "눈멀고 굼뜬" 자아에 대한 반성과 같습니다. 당신이 그물을 친 목적과 검은 새의 비행과는 인과관계가 성립하지 않습니다. 당신이 쳐 놓은 그물 곁을 오가며 안타까워하고 있을 뿐입니다. 한데 작은 변화는 그물을 칠 때가 아니라 아무것도 잡을 수 없는 그물을 터는 행위로부터 비롯됩니다. "원죄의 비늘에 반사되는 눈먼 사람들"의 작은 몸짓으로 "세상이 조금씩 밝아"집니다. 직접 빛을 발하는 것이 아니라 '반사'된 빛에 의해 눈먼 사람들이 차츰 어둠에서 빛으로 자리를 옮겨 앉습니다. 원죄로 촉발된 변화의 양태는 아마도 믿음일 것입니다. 새는 검고, 그 새가 날아간 하늘은 "눅눅하고" 어둡습니다. 보통 검은색은 불안이나 두려움, 죽음 등을 상징하는데, 이 시에서는 당신 혹은 당신이 쳐 놓은 그물을 빛내주는 바탕으로 작용합니다. 하늘에 떠 있는 별이 빛나는 건 바탕이 어둠이기 때문입니다. 따라서 "제자리를 맴도는 검은 새"의 움직임도 근원적인 변화와 "균형을 맞추"는 일에 영향을 미쳤을 것입니다.

「하늘 그물」이 기독교적 상상력과 세계관을 담고 있다면, 똑같이 그물을 시적 소재로 한 「아버지의 그물」은 정통 서정의 세계를 펼쳐 보이고 있습니다. 흔히 서정시를 '세계의 자아화'로 규정합니다. 개인의 감정이나 정서를 주관적으로 표현한다는 의미입니다. 이 시는 일반적인 그물을 아버지의 그물로 전환해 개인사적으로 다루고 있습니다. 한데 "냇가에서 그물을 던지는 아버지"와 "텅 빈 양동이를 들고 기다리는 아이"의 한적한 풍경은 오래가지 않습니다. 물고기가 잡히지 않자 아이는 "그만 가자"며 투정을 부리고, 아버지는 점차 초조해집니다. 평화롭던 풍경은 긴장되고, 서서히 갈등 관계로 변모합니다. 긴장과 갈등은 "저기, 모퉁이에 고기가 모인다"라는 노인의 한마디에 절정으로 치닫습니다. 노인은 물고기 잡는 법이 아닌 물고기가 모여 있는 장소를 알려줍니다. '그물에 걸린 햇빛'이라는 표현을 염두에 두면 이 또한 기독교적 비유가 아닐까요. 부자지간에 물고기를 잡는 서정적 풍경은 마지막 연에 이르러 급격한 시적 전환을 보여줍니다. 몇 번의 이름을 부르는 행위는 시간의 흐름을, '노을'은 아버지의 여생을 의미합니다. 아이와 아버지 사이에는 '사내'가 존재하는데, "웃는 사내"의 자리에 "눈물 훔치는 사내"가 대신 서 있습니다. 다시 읽어보면 이 시는 서정과 서사의 중간에 놓여 있는 듯합니다. 아버지와 물고기를 잡는 유년의 한 장면을 주관적이면서도 객관적으로 표현하고 있습니다. "그물을 모아"쥔 아버지는 저만치 떨어져 있고, 그런 아버지를 지켜보는 아이는 순식간에 나이를 먹습니다. 서정적 풍경과는 별도로, 아이의 내면적 욕구와 아버지라는 세계와의 갈등 관계를 형성하는, 서사의 한 단면을 보여주고 있습니다.

> 멀리 날아가지 못하는 불면의 새
> 창문에 비친 제 그림자를 운다
>
> ―「날다」 부분

> 지난밤이 모두 그림자였을까?
>
> ―「우물 속에는 누가 사나」 부분

> 강물 위로 저녁은 깊어 가고
> 그림자는 물속으로 숨고

천천히 내려오는 달빛

　　　　　　　　　　-「텅 빈 충만」부분

꽃잎 후루루 날리는 벚꽃들도

그림자를 데리고 산다

　　　　　　　　　-「그림자 속 그림자」부분

그림자를 품고 걸어가는

어둑어둑한 목숨들로 붐비는 세상 속에

　　　　　　　　　　　-「겨울에」부분

「아버지의 그물」에서 "물에 비친 그림자가 고기를 몰아온다"라고 했는데, "햇빛이 그물에 걸리"는 것이 전제조건입니다. "출렁"이라는 역동적 이미지에도 햇빛이 그물에 걸릴 리 만무하니, 그 전제조건은 의미가 없습니다. 그림자의 정체도 분명하지 않습니다. 빛과 형체가 있어야 존재하는 그림자를 보통 '자아의 분신'이라 합니다. 빛의 세계인 의식에 가려진, 자아에 따라 모습을 달리하는 무의식의 세계입니다. 빛에 의해 생겨나는 그늘이지만, 다른 그늘에 들어가면 사라지고 맙니다. 원종혁의 시에서 그림자는 자아의 상처나 고통, 즉 트라우마를 표출하는 삶의 음

영으로 존재하는데, 꼭 그런 것만이 아닙니다. 「아버지의 그물」에서는 "고기를 몰아"오는 또 다른 모습의 자아로 표출되기 때문입니다. 「날다」에서 불면의 새는 새장에 갇혀 날아가지 못하고 "창문에 비친 제 그림자"의 모습으로 울고 있습니다. "새장을 차고 두드려도" 열리지 않지만, 자유롭게 하늘로 날아갈 날을 기다립니다. 그림자는 불면을 탈출할 첨병 역할을 하고 있습니다. 「우물 속에는 누가 사나」도 시적 공간이 새장에서 우물로 바뀌었을 뿐, 유사한 세계관을 보여줍니다. 지상과 다르지 않은 "우물 속 세상"을 벗어난 개구리는 "더 큰 세상"을 알아갈 수는 있겠지만, 그대로 위험에 노출된다고 생각합니다. 아침이 되자 지난밤에 울던 개구리 소리는 흔적조차 없이 사라지자 "모두 그림자였을까?" 되묻습니다. 「텅 빈 충만」은 생명력이 충만한 봄을 통해 내일의 희망을 노래하는데, 그림자는 달이 뜨기 전에 "물속으로 숨"는 소극적인 존재로 그려집니다. 봄의 생명력과 마음의 충만함을 대비하는 시적 장치로 해석됩니다. 「그림자 속 그림자」는 다리가 불편한 '나'의 늦은 방문을 "낯선 그림자"와 종소리를 "끌고 가는 그림자"로 형상화하고 있습니다. 오랜 시간이 흘러서 만나도 어색하거나 떠난 사연을 이해할 수도 없는 안타까움을 "꽃잎 후루루 날리"면서도 "그림자를 데리고" 사는 벚꽃의 미덕을 통해 보여줍니다. 「겨울에」도 「날다」처럼 "달아나지 못한 마음"을 그림자로 표출하고 있지만, 그 그림자는 빛이 건넨 것인지라 빛과 함께 숲에 생명력을 부여하고 세상을 위로합니다. 하지만 이 시에서도 시적 자아는 "붐비는 세상 속"에 합류하지 못한 채 "홀로 선 나무처럼" 따로 존재합니다. 「우산 속으로」와 같이 "비 오는 날 안성천을 거닐"며 한 폭의 수묵화가 되지만, 우산 속에서 "아늑한 섬"으로 남습니다. 과거를 회상하면서 봄비가 내리는 외적 풍경에 녹아들기는 하지만, 정작 내적 풍경은 스스로 섬으로 존재합니다.

저기서 기웃거리는 얼굴 누구인가?

그늘을 놓친 나무처럼
주름 깊은 껍질을 벗는다

길을 찾아 나서도 나는 없으니
나 없는 나를 찾는 헛수고

어둠을 헤집고 찾아온 햇빛을 모르는 사이처럼 돌아서는데

가슴에 새겨둔 이름이

열린 틈새로 스며든다

시간과 속도는 같은 쪽으로 가고 있을까

모든 것이 사라진 자리에 한 송이 꽃

그대도 지금쯤 피어 있을까
버릇처럼, 지워진 주소를 외워본다

- 「누구세요?」 전문

"길을 찾아 나선 여행자"(「빗물 흐르듯」)의 눈에 "기웃거리는 얼굴" 하나가 들어옵니다. "주름 깊은" 그는 누구일까요. 시인은 그 얼굴의 정체를 숨길 생각이 없습니다. "길을 찾아 나"선 '나'의 부재와 "나 없는 나를 찾는 헛수고"를 통해 "저기서 기웃거리는" 것이 자아임을 털어놓습니다. 한데 '저기'는 길의 어디쯤일까요. 길의 끝에 다다른 것일까요, 아니면 길의 끝을 앞둔 어느 지점일까요. 전자라면 "하늘에서 쏟아지는 신비로운 빛"(「하늘문 외전」)을 기다리는 순간일 것이고, 후자라면 "마음에 난 상처"(이하 「사순절」)를 쓰다듬으면서 "당신이 짊어진 무게"를 생각할 것입니다. "자신과 마주하는 시간"(「숙제」)에 반드시 있어야 할 "나는 없"다는 부재 인식은 순전히 '자기 앞'에서의 판단입니다. 인생길의 끝 무렵에서 확실하게 존재하는 것은 '길'뿐이고, '나'는 그 길 위에 존재하지 않습니다. 시인은 그것을 "헛수고"라 했지만, 기독교적 관점에서 보면 그 판단은 '나'가 아닌 신을 대리한 '천사'의 몫입니다. 한데 이 시가 서정의 세계로 한정한다면 인생 후반에 한때 사랑했던 사람을 그리워하는 지고지순한 사랑으로 볼 수도 있습니다. 얼굴-이름-주소에 얹은 간절한 마음이 잃어버린 "시간과 속도", "사라진 자리"에서 "한 송이 꽃"으로 오롯이 피어나기 때문입니다.

  시인은 지금 길 위에 서 있습니다. 더 정확히 말하면, "먼 길을 걸어 낯익은 문 앞"(「하늘문 외전」), 그것도 "하늘과 가"(「저승꽃」)까운 곳에서 "기척 없는 길을 멀리까지 바라"(「등불을 내걸다」)보고 서 있습니다. "마침표처럼 숨을 멈춘"(「구절리역」) 그곳에는 "황톳길이 끝없이 펼쳐진 세상이 구름 위"(「앵글」)에 펼쳐져 있습니다. 목숨을 걸고 건너야 하는 횡단보도가 "도처에 있"(이하 「횡단보도」)고, "별을 보고 좌표를 찍고 가야 하는 사막"도 건너왔습니다. "앞만 보고 달렸는데/ 나도 모르게 옆길"(「차선이탈」)로 접어들 때면 "바람이 되어 길을 찾"(「바람길」)기도 했습니다. "혼자는 떠나지 못한 길"(「우리 집에서 죽지 않는 악어가 산다」)이기에 "걸어온 길을 되짚어"(「후회」) 보면 "뜨거운 후회"(「바람길」)가 어찌 일지 않겠습니까. 이번 시집 전체에 쓸쓸함과 눈물이 배어나는 이유입니다. 그래도 시인은 '이팝꽃 환하게 켜두고' 어두운 길을 밝히려 합니다. 시인이 걷고 있는 길 위에 환한 문장 하나 내려놓고 글을 닫습니다.

    험한 길을 걷는 자에게 빛은 더욱 밝아라

- 「사순절」 부분